传统文化有意思

段张取艺 著绘

古人怎么买买买

中信出版集团 | 北京

图书在版编目（CIP）数据

古人怎么买买买 / 段张取艺著绘 . -- 北京：中信出版社 , 2023.7
（传统文化有意思）
ISBN 978-7-5217-5777-4

Ⅰ.①古… Ⅱ.①段… Ⅲ.①贸易史－中国－儿童读物 Ⅳ.① F729-49

中国国家版本馆 CIP 数据核字（2023）第 100183 号

古人怎么买买买
（传统文化有意思）

著　　绘：段张取艺
出版发行：中信出版集团股份有限公司
　　　　　（北京市朝阳区东三环北路27号嘉铭中心　邮编　100020）
承　印　者：北京联兴盛业印刷股份有限公司

开　　本：787mm×1092mm　1/16　　印　张：2.5　　字　数：35千字
版　　次：2023年7月第1版　　　　　 印　次：2023年7月第1次印刷
书　　号：ISBN 978-7-5217-5777-4
定　　价：20.00元

出　　品：中信儿童书店
图书策划：将将书坊
总　策　划：张慧芳
策划编辑：李镇汝
责任编辑：袁慧
营　　销：中信童书营销中心
封面设计：姜婷　佟坤
版式设计：佟坤　李艳芝

版权所有·侵权必究
如有印刷、装订问题，本公司负责调换。
服务热线：400-600-8099
投稿邮箱：author@citicpub.com

小朋友们，看我看我！我是小飞龙，别看我个子小，我可是能穿越时空的哟！

这次，我变成小小观察员，去看看以前的人怎么买东西。在穿越前，请先回忆一下，你上次买东西是在哪儿？是商场、超市、小卖部，还是路边摊呢？其实在很久很久以前，古人们都在水井边购物！

一物换一物

在很久很久以前，同一个部落的人都住在一起，部落里有的人专门负责耕种，有的人专门负责养殖。

我家还养了好多呢！

你的小猪真漂亮！

人们通常会把用不完的东西带到水井边，趁着早上大家都来打水的时候，顺便和别人交换，以此获得自己需要的东西。

物物交换是人类最原始的购物方式！

我可以用大公鸡换你的陶罐吗？

好呀！

改用海贝来交换

物物交换时，有时会出现一种特殊情况：我想换你的东西，你却想换他的东西。大家总是不能一次交换成功，真是太麻烦了！

我可以用陶器换你的稻谷吗？

不行呀，我要换狗狗。

但狗狗是用来换小羊的！

我还没有同意交换呢！

好麻烦啊！我都被绕晕了！

传说商族人王亥常到外地进行交易，让大家印象深刻，此后做买卖的人便被叫作商人。

有没有一种东西，大家都愿意接受？海贝小巧轻便，不容易损坏，还能做成漂亮的装饰，很适合当作交换用的货币。

海贝这么好看，大家都喜欢！

我们就用海贝交换物品吧！

各种各样的铜钱

用海贝当货币也有不方便的地方，那就是它的数量有限，时常不够用。人们便尝试用其他材料制作货币，挑啊，选啊，最终选用了铜。

铜贝与海贝相比，不容易损坏。

铜还能做出不同形状的钱！

抱歉，我只收这种钱！

可以用铜贝买东西吗？

对于具体使用什么样的铜钱,春秋战国时期的诸侯国各有各的规定,这给往来买东西的商人增加了许多负担。

当时的形势太混乱了,所以有的国家不止用一种钱币。

大家的钱都跟我的不一样。

春秋战国时期出现了形状各异的青铜钱币,主要有布币、刀币、蚁鼻钱和圜钱等。

怎么还有新形状?

全国统一用一种

统一了六国的秦始皇看不下去钱币种类太多的糟糕局面，雷厉风行地把铜钱给统一了。

旧钱全都不作数，大家通通用新钱！

陛下英明！

我国的钱币历经波折，终于有了固定的样子。之后很长一段时间，古人都用这种圆形方孔的铜钱在全国大大小小的集市上买东西。

铜钱看起来亮闪闪的！

钱币统一了，做买卖更方便了！

秦朝使用的铜钱是圆形方孔的，以重量为面值，上面有凸起的铭文"半两"，人们称之为"秦半两"。

"买东西"三个字的由来

历史上繁华的集市，还要数唐朝长安城内的东、西两市，西市有股国际范儿，来自西域的商人大多在这里买卖商品。

西市

这可是上好的波斯地毯！

买到了西域的葡萄美酒！

有一种说法是，"买东西"一词源于唐朝，当时的市集主要在城市的东西两侧，久而久之，人们便把购物称为"买东西"。

唐长安城

西市　东市

东市可以说是高级市场，附近居住的达官贵人多，所以主要卖些奢侈品。

东市

今天买了一把上好的琵琶！

这幅字画值得收藏！

唐朝人使用的铜钱还是圆形方孔的，如"开元通宝"。

购物也要看时间

唐朝的购物时间并不自由。集市不光有开门和关门的时间规定，还会发出统一的"购物信号"。中午击鼓三百下后，大家就可以进入集市买东西啦！

咚咚咚！

真想提前进去买东西！

唐朝集市用的钲源自南方地区，形状像锣。锣类金属乐器在古代常被用来发布撤退的信号。

鼓是一种打击乐器，声音洪亮，能传播很远。在古代，鼓还被用于战争中，发布进攻命令。

提前进去也没用，商铺没开门！

日落前，听到三百下敲钲的声音，所有人要赶快结束买卖。

当当当！

关门时间就要到了，还没买够呀！

随时随地想买就买

到了宋朝,官府终于不再管商人在哪儿做买卖、做多久买卖。夜晚的都城开封城中灯火通明,街头巷尾、桥上河边,到处都有小贩叫卖各色商品。

卖橘子!新鲜的橘子!

这个馕好香啊!

有一年,开封城大雨滂沱,到了七月才转为晴天。苏轼来到龙津桥一带,发现虽然路面湿漉漉的,但夜市依然灯火明亮。

晚上也能逛街游玩!

这么多美食可把我馋坏了!

乡村的赶集日常

乡村居民比城市居民住得更分散，家和市场往往离得很远，每天去市场买东西太耽误时间。于是大家约定俗成，定期开一次集市，买一些生活必需品。这种乡村定期举办的集市叫作草市。

走呀！赶集去喽！

希望能卖个好价钱！

随着经济发展，宋朝时期草市改变了"一散集就没人"的状态，开始有固定的店铺长期经营。

草市上商品种类不算多，主要是一些农副产品和手工艺品。南宋诗人陆游曾写过"草市寒沽酒"的诗句。

货郎来了家门口

在集市之外有这么一群商人,他们做买卖的方式更加灵活,会主动带着货物,游街串巷地寻找生意;还会摇动拨浪鼓,发出响声来招揽客人。大家管他们叫货郎。

我想要一个拨浪鼓!

宋朝人用的铜钱依旧是圆形方孔的，如"淳祐通宝"。

货郎的推车像一个小型杂货店，大人、小孩需要的针线脂粉、玩具零食等小物件基本都有卖。

除了售卖，货郎还能收购，甚至以物易物。人们可以拿出不再需要的旧物，从货郎那儿换糖吃。

我想用弹弓换糖！

原来还可以换东西呀！

纸片还能买东西？

随着贸易的繁荣，人们出门在外需要携带的铜钱变多了。一大麻袋铜钱实在太重了！人们便改用轻薄的纸币做买卖，即使是漂洋过海来中国做生意的外商也一样。

意大利旅行家马可·波罗初到中国时，对此十分不理解，薄薄的纸怎么能够买东西呢？后来他才明白，值钱的并不是纸本身。

纸币起源于宋朝，盛行于元朝。纸币上面一般写有钞名和面额，还盖有红色官印，如元代的"至元通行宝钞"。

因为盖了官印，所以所有人都必须使用它！

简直是神奇的点金术！

西洋商品专卖处

西洋商人来做生意通常会先抵达沿海城市。清朝的乾隆皇帝担心这么多外国人到来,会引发安全问题,于是想了个"一口通商"的办法,要求他们只能在广州做生意。

采购清单上的东西都买齐了!

从西洋来的奇珍异宝被广东官员献入紫禁城，一下子就把乾隆皇帝吸引住了，他特地交代相关人员购买时，不要舍不得花钱。

乾隆时期，外商只能通过指定的中国商行做生意，这些商行统称为"广州十三行"。

谁会不喜欢有趣的洋玩意儿呢？

学洋钱，制银元

清朝人用银元宝、银锭、碎银子等来买东西，而西洋人用铸造的银币购物，两者成分相近，西洋银币渐渐也能在我国流通，被称作洋钱。然而，银币的含银量不足，一些投机取巧的外国商人很快就找到了其中的漏洞！

我们可以这样做！

用银币买商品。

卖掉商品换银子。

发财啦！

熔化银子制作银币。

最终得到好多好多银币。

由广东省首铸的银元一面有"光绪元宝"四个大字,一面有龙的图样。

正面　　反面

我国又多了一种货币!

两广总督张之洞将一切都看在眼里,他向光绪皇帝建议铸造自己的银币——银元,不仅质量有保障,还可以避免商人钻空子。

百货大楼样样有

到了民国时期，上海兴建起许多新潮的百货大楼，百货大楼里聚集了来自世界各地的时髦货。人们只需要去百货大楼，就能买齐所有日常需要的东西。

刚刚发了工资，买一顶新帽子吧！

大家用的钱也在这时发生了变化。1933年，实行"废两改元"的改革，即废止银两，一律使用银元，并确定以银本位币的元为单位。

连钢琴都有卖！

为了纪念孙中山的革命功勋，人们把孙中山像印在了银币上，如正面为孙中山像，背面为帆船图案的"船洋"。

购物要带凭证

我国曾实行计划经济体制，按人数发放专用的购物凭证，如粮票、肉票、蛋票……人们只能买票上规定数量的商品。

我用面票买了三公斤的面！

票过期就不能用了！

爷爷奶奶小时候可能也用过粮票！

粮票并非货币，只是人们购粮的凭证，上面通常印有商品名称和数量。

哪怕你钱再多，也买不到超出规定的东西。

停不下来的买卖

买东西是人们日常生活的重要组成部分,从前的很多购物习惯和支付方式并没有完全消失,一直延续到了今天。

去集市买新鲜的菜。

使用硬币找零。

逛便利店买日用品。

在路边摊买小吃。

使用纸币支付。

麻辣烫

点击一下就"购"了

便捷的互联网让购物这件事变得简单。我们在手机上轻轻点击几下，就能花掉账户里的钱，买到网络商城中的各种商品和生活服务，接下来坐在家中就可以收到想要的东西啦！

网络购票

话费充值

水电充值

网上购物也太方便了吧！

餐饮外卖

网购家电

团购买菜

网购衣服

跑腿买药

33

知识加油站

》古代也有销售广告

有趣的声音广告

唐朝时流行叫卖。刘禹锡的伯父刘伯刍曾说,他所住的巷子里有一家饼店,店主每天早晨都会站在门口唱着歌卖饼。

烧饼,烧饼,卖烧饼!

直观的悬物广告

把商品挂出来,大家一眼就能看出这家店卖什么。通常,古代药店会挂药葫芦,风筝铺会挂纸鸢,席子铺则会放一卷席子。

好记的招牌广告

宋朝的商店会在门口挂招牌,并写上店名。这样的话,大家不仅能知道这家店经营什么,还能记住店名,形成品牌效应。

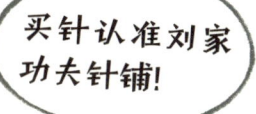

沈家雨具

王家履鞋

李家酒肆

买针认准刘家功夫针铺!

便于宣传的印刷广告

印刷术发明后,人们能印刷广告了,也能随意选择是分发它还是张贴它。北宋刘家功夫针铺的青铜版印刷广告是我国现存最早的印刷广告。

知识小趣闻

>> 卖东西的名人效应

东晋的时候，书法名家王羲之曾碰到一个老妇人，她正拿着一些六角扇在售卖。

扇子多少钱一把？

二十文钱。

王羲之听后，拿出毛笔在扇面上题字，每把扇子上写了五个字。老妇人看了看扇子，有些生气。

我还靠卖扇子赚钱呢，你怎么写上字了？

你只需告诉别人这是王羲之写的字！

老妇人到了集市上，宣传自己的扇子上有王羲之的书法，卖一百文一把。尽管价格变高了，卖得却更快了。

王羲之题过字的扇子！一百文一把！

过了几天，老妇人主动拿着扇子，请求王羲之在扇面上题字，而王羲之笑而不答。

请您再给我题几个字吧！

我光笑不说话！

参考书目

[1] 钟永兴. 中国集市贸易发展简史 [M]. 成都：成都科技大学出版社, 1996.

[2] 任双伟. 货币里的中国史 [M]. 北京：世界图书出版有限公司, 2019.

[3] 余文建. 上海近代货币竞争 [M]. 上海：上海财经大学出版社, 2020.

[4] 贾康，等. 中国财政制度史 [M]. 上海：立信会计出版社, 2019.

[5] 李三台. 票证里的中国 [M]. 桂林：广西师范大学出版社, 2019.

[6] 秦臻. 中外广告简史 [M]. 重庆：重庆大学出版社, 2021.

[7] 沈从文. 中国古代服饰研究 [M]. 上海：上海书店出版社, 2011.

[8] 春梅狐狸. 图解中国传统服饰 [M]. 南京：江苏凤凰科学技术出版社, 2019.

[9] 刘永华. 中国服饰通史 [M]. 南京：江苏凤凰少年儿童出版社, 2020.